VENTE DU MERCREDI 1er DÉCEMBRE 1886

A TROIS HEURES

HOTEL DROUOT, SALLE N° 5

TABLEAUX

PAR

ANTONY SERRES

Me LÉON TUAL
COMMISSAIRE-PRISEUR
56, rue de la Victoire, 56

M. BERNHEIM Jeune
EXPERT
8, rue Laffitte, 8

EXPOSITION PUBLIQUE

Le Mardi 30 Novembre 1886

DE UNE HEURE ET DEMIE A CINQ HEURES ET DEMIE

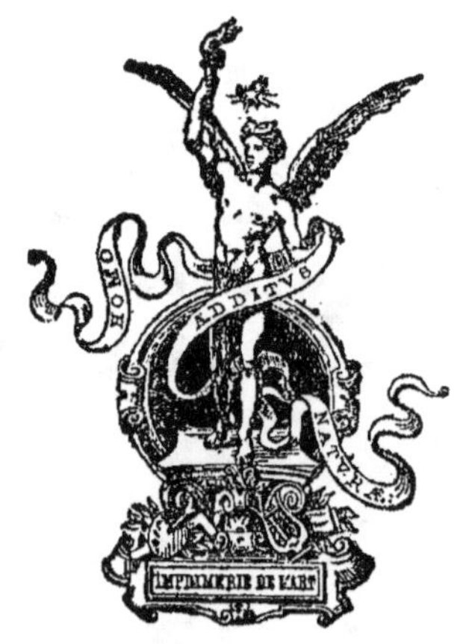

CATALOGUE

DE

TABLEAUX

PAR

ANTONY SERRES

DONT LA VENTE AURA LIEU

HOTEL DROUOT, SALLE N° 5

Le Mercredi 1ᵉʳ Décembre 1886

A TROIS HEURES

Par le Ministère de Mᵉ **LÉON TUAL**, commissaire-priseur,

56, rue de la Victoire, 56

Assisté de **M. BERNHEIM jeune**, expert,

8, rue Laffitte, 8

Chez lesquels se trouve le Catalogue.

EXPOSITION PUBLIQUE

Le Mardi 30 Novembre 1886

DE UNE HEURE ET DEMIE A CINQ HEURES ET DEMIE

Ce Catalogue se distribue à Paris :

Chez Me **LÉON TUAL**, commissaire - priseur,

56, rue de la Victoire, 56

Chez **M. BERNHEIM jeune**, expert,

8, rue Laffitte, 8

CONDITIONS DE LA VENTE

Elle sera faite au comptant.

Les adjudicataires payeront *cinq pour cent* en sus des enchères.

Paris. — Imp. de l'Art. E. MÉNARD et J. AUGRY
41, rue de la Victoire, 41

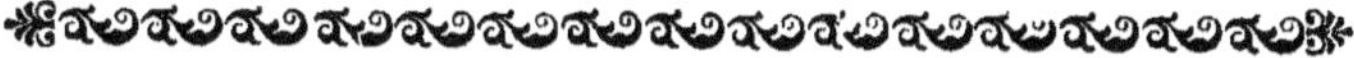

DÉSIGNATION

TABLEAUX

PAR

ANTONY SERRES

1 — *Le Nid.*

Haut., 24 cent.; larg., 33 cent.

2 — *La Pluie.*

Haut., 35 cent.; larg., 27 cent.

3 — *Retour des champs.*

Haut., 33 cent.; larg., 24 cent.

4 — *Pauvresse.*

Haut., 27 cent; larg., 22 cent.

5 — *Chasseur des Alpes.*

> Haut., 35 cent.; larg., 27 cent.

6 — *Petite Baigneuse.*

> Haut., 27 cent.; larg., 22 cent.

7 — *Inquiétude.*

> Haut., 35 cent.; larg., 27 cent.

8 — *Le Dernier-né.*

> Haut., 35 cent.; larg., 27 cent.

9 — *Accablement.*

> Haut., 35 cent.; larg., 27 cent.

10 — *Angelus du soir.*

> Haut., 35 cent.; larg., 27 cent.

11 — *Le Froid.*

> Haut., 35 cent.; larg., 27 cent.

12 — *Petite Marchande de violettes.*

> Haut., 35 cent.; larg., 27 cent.

13 — *Au petit jour.*

Haut., 35 cent.; larg., 27 cent.

14 — *Un Conflit.*

Haut., 35 cent.; larg., 27 cent.

15 — *Dans la clairière.*

Haut., 27 cent.; larg., 35 cent.

16 — *Le Message.*

Haut., 33 cent.; larg., 24 cent.

17 — *La Fileuse.*

Haut., 33 cent.; larg., 24 cent.

18 — *Après le bain.*

Haut., 24 cent.; larg., 33 cent.

19 — *Pauvres Gens.*

Haut., 35 cent.; larg., 27 cent.

20 — *Lavater.*

Haut., 35 cent., larg., 27 cent.

*

21 — *Un Inventeur.*

> Haut., 35 cent.; larg., 27 cent.

22 — *La Ville de Paris.*

> Modèle d'un panneau décoratif.
>
> Haut., 32 cent.; larg., 32 cent.

23 — *Faucheur.*

> Haut., 36 cent.; larg., 3o cent.

24 — *Laboureur.*

> Haut., 36 cent.; larg., 3o cent.

25 — *Découragement.*

> Haut., 35 cent.; larg., 27 cent.

26 — *Le Terme du voyage.*

> Haut., 35 cent.; larg., 27 cent.

27 — *Mélodie.*

> Haut., 35 cent.; larg., 27 cent.

28 — *Moissonneuse au repos.*

> Haut., 22 cent.; larg., 26 cent.

29 — *Le Balcon.*

> Haut., 35 cent.; larg., 27 cent.

3o — *Petits Dénicheurs.*

> Haut., 35 cent.; larg., 27 cent.

31 — *Proposition matrimoniale.*

> Haut., 46 cent.; larg., 38 cent.

32 — *Le 2 Novembre.*

> Haut., 35 cent.; larg., 27 cent.

33 — *Daphnis et Chloé.*

> Haut., 35 cent.; larg., 26 cent.

34 — *Partie carrée.*

> Haut., 38 cent.; larg., 46 cent.

35 — *Une Vocation.*

> Haut., 33 cent.; larg., 24 cent.

36 — *Un Vagabond.*

> Haut., 24 cent.; larg., 33 cent.

37 — *Marchande de légumes.*

> Haut., 35 cent.; larg., 27 cent.

38 — *En marche.*

> Haut., 35 cent.; larg., 27 cent.

39 — *Vénus et l'Amour.*

> Haut., 46 cent.; larg., 38 cent.

40 — *Le Puits mitoyen.*

> Haut., 35 cent.; larg., 27 cent.

41 — *La Ferme.*

> Haut., 24 cent.; larg., 33 cent.

42 — *L'Indolente.*

> Haut., 46 cent.; larg., 38 cent.

43 — *Un Jour de réception.*

> Haut., 46 cent.; larg., 60 cent.

44 — *Taverne mal famée.*

> Haut., 46 cent.; larg., 60 cent.

45 — *Hommage respectueux.*

>Haut., 35 cent.; larg., 27 cent.

46 — *Taquinerie à l'enfant.*

>Haut., 1 m. 16 cent.; larg., 89 cent.

47 — *La Bonne Grand'Mère.*

>Haut., 33 cent.; larg., 24 cent.

48 — *Le Viatique.*

>Haut., 35 cent.; larg., 27 cent.

49 — *La Promenade.*

>Haut., 33 cent.; larg., 24 cent.

50 — *A la fontaine.*

>Haut., 33 cent.; larg., 24 cent.

51 — *Son Éminence en villégiature.*

>Haut., 35 cent.; larg., 27 cent.

52 — *Retour du Conclave.*

>Haut., 35 cent.; larg., 27 cent.

53 — *Leçon de peinture.*

> Haut., 33 cent.; larg., 24 cent.

54 — *Sortie d'école.*

> Haut., 27 cent.; larg., 34 cent.

55 — *Un Coin de vigne.*

> Haut., 46 cent.; larg., 56 cent.

56 — *Rencontre en forêt.*

> Haut., 56 cent.; larg., 46 cent.

57 — *Naissance et Mariage.*

Projet de décoration pour une mairie.

> Haut., 36 cent.; larg., 1 m. 18 cent.

58 — *La Gloire et la Fortune récompensant le travail.*

Projet de décoration.

> Haut., 36 cent.; larg., 57 cent.

59 — *Un Mariage civil.*

Projet de décoration pour une mairie.

> Haut., 36 cent.; larg., 63 cent.

60 — *Pastorale.*

Modèle pour une tapisserie des Gobelins.

Haut., 19 cent.; larg., 54 cent.

61 — *Danse de nymphes.*

Modèle pour la décoration d'un vase de Sèvres.

Haut., 25 cent.; larg., 61 cent.

62 — *Attente inutile.*

Haut., 27 cent.; larg., 35 cent.

63 — *Explication désagréable.*

Haut., 27 cent.; larg., 22 cent.

64 — *Petite Halte.*

Haut., 24 cent., larg., 19 cent.

65 — *Cabaret champêtre.*

Haut., 24 cent.; larg., 19 cent.

66 — *Un Plaisir de l'hiver.*

Haut., 35 cent.; larg., 27 cent.

67 — *Les Premières Violettes.*

Haut., 35 cent.; larg., 27 cent.

68 — *Le Chemin perdu.*

Haut , 35 cent.; larg., 27 cent.

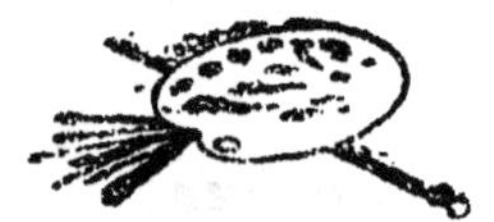